小学生のための音楽劇・物語集

音楽劇
手ぶくろを買いに
音楽劇
赤いろうそく

新美南吉／原作　横山裕美子／作詞・作曲・台本

音楽之友社

はじめに

　新美南吉の「手ぶくろを買いに」と「赤いろうそく」は、実に対照的な作品です。

　たとえば、「手ぶくろを買いに」にとって"夜"とは、人目を避けて町へ出かける決意の時として描かれています。物語は、雪の白さ、夜の暗さ、星や町の灯の色、ぼうし屋の中の明かりなど抑えられた色彩の中、限られた登場人物によって進行していきます。

　一方、「赤いろうそく」にとって"夜"とは、花火を打ち上げようという一世一代のビッグイベントの場面として描かれています。物語は、ワイワイとにぎやかでコミカルに、多勢の擬人化された動物たちによって進行していきます。

　それに合わせて私自身も違う引き出しから対照的なものが引っ張り出され、「手ぶくろを買いに」は、シンプルでありながら深い表現を目指す音楽となり、「赤いろうそく」は、振りつけや踊りもよし、Soloもよしの、実に歌いがいのあるオペレッタ風の作品となりました。このことは私にとっても興味深い展開でした。

　なお、これら二つの音楽劇は、いろいろな状況に合わせて演奏形態を選んでいただけるように、斉唱・二部合唱・Solo・Soliも可能なように工夫されています。合唱組曲としての演奏だけでも、十分にストーリーが追える歌詞内容ですので、さまざまな場面でご活用ください。

　最後になりましたが、この曲集の出版にあたり、お世話になりました音楽之友社『教育音楽』編集長の岸田雅子氏、出版部の岡部悦子氏、及び関係者の皆様方にお礼申し上げます。

2009年3月　横山裕美子

もくじ

2　はじめに

音楽劇『手ぶくろを買いに』
（新美南吉／原作　横山裕美子／作詞・作曲・台本）

4　台本
9　M.1　「雪の野原」
12　M.2　「手ぶくろを買いに」
15　M.3　「町の灯(ひ)」
20　M.4　「ぼうし屋さん」
24　M.5　「帰り道」
29　指導のために　横山裕美子
　　作品について／台本について／曲について

＊上演時間は約15分。合唱組曲として演奏する場合は約10分です。

音楽劇『赤いろうそく』
（新美南吉／原作　横山裕美子／作詞・作曲・台本）

31　台本
38　M.1　「花火ってなんだろう？」
40　M.2　「花火というものは」
43　M.3　「夢花火」
46　M.4　「火をつけよう」
49　M.5　「赤いろうそく」
52　指導のために　横山裕美子
　　作品について／台本について／曲について

＊上演時間は約14分。合唱組曲として演奏する場合は約9分です。

この曲集と同名のCDが日本コロムビア株式会社から発売されています。CD番号 TDCS-0048
この著作物の全部または一部を無断で複製（コピー）することは、著作権の侵害にあたり、著作権法により罰せられます。

音楽劇
『手ぶくろを買いに』

原作：新美南吉
作詞・作曲・台本：横山裕美子

〈キャスト〉
子ぎつね／母ぎつね
子ども／母親
ナレーター1〜24

ナレーター1　銀ぎつねの親子が、森に住んでいました。
ナレーター2　寒い冬が、この森にも　やってきました。

子ぎつね　　お母さん、ぼく、お外で遊んでくるね。
母ぎつね　　ぼうや、寒いから　気をつけるのよ。

《M.1》歌「雪の野原」

　　　　　森に冬が　やってきて
　　　　　野原も雪に　おおわれた
　　　　　子ぎつね　あなからとび出した
　　　　　お日様きらきら　光ってる

　　　　　「母さん、いたいよ。目に　なにかささったよ。」
　　　　　「ぼうや、ちがうの。光が　目に　入っただけなのよ。」

　　　　　遊びつかれた　子ぎつねの
　　　　　おてては雪の　つめたさに
　　　　　ぼたん色に　なりました

ナレーター3　子ぎつねは、お母さんぎつねの待つ　ほらあなへ　帰ってきました。
ナレーター4　子ぎつねの両手は、ぬれて　ぼたん色になっていました。

子ぎつね　　お母さん、おててがつめたい。おててがちんちんする。
母ぎつね　　（息をふきかけて）はーっ、はーっ。もうすぐ　あたたかくなるからね。

ナレーター5　お母さんぎつねは、子ぎつねの手に　しもやけができては　かわいそうだと思いました。

ナレーター6 　　そして、夜になったら　町まで行って、ぼうやの手に合うような　手ぶくろを　買ってやろうと決めました。

ナレーター7 　　暗い　暗い　夜になりました。
ナレーター8 　　きつねの親子は、ほらあなを出て　歩き出しました。
ナレーター9 　　お母さんぎつねの　おなかの下に　入りこんだ子ぎつねは、丸い目をぱちぱちさせ　あちこちを見ながら歩いています。

ナレーター10 　遠く　遠くに　町の灯が見えてきました。
ナレーター11 　お母さんぎつねは、昔　友達と町へ出かけ、友達が、アヒルをぬすもうとしたのが見つかって、お百姓さんに　さんざん追いかけまわされたことを、思い出しました。

ナレーター12 　すると、お母さんぎつねの足はすくんでしまい、どうしても　前へ進めなくなってしまいました。

《M.2》歌「手ぶくろを買いに」

　　　　しもやけにならないように　町まで
　　　　手ぶくろを買いに出かけます　町まで

　　　　とちゅうでこわくなった　母さんぎつねはついていけず
　　　　子ぎつねのかた手を　人間の手にして　こう言います

　　　　「この手に合う、手ぶくろくださいなって、言うんだよ。
　　　　ちがうおててを出したらだめよ。わかった、ぼうや。」

　　　　しもやけにならないように　町まで
　　　　手ぶくろを買いに出かけます　一人で
　　　　一人で

ナレーター13 　お母さんぎつねは、ぼうやに言い聞かせると、人間の手のほうに　お金をにぎらせました。
ナレーター14 　そして、ぼうやだけを　しかたなく　町へ行かせることにしたのでした。

《M.3》歌「町の灯」

　　　　子ぎつね一人で　よちよちよち
　　　　町の灯をめあてに　よちよちよち

　　　　一つ　二つ　三つ　明かりはふえる
　　　　はては十まで　ふえました
　　　　お空の星と　同じように
　　　　赤　青　黄色に　ゆれてます

　　　　子ぎつね一人で　よちよちよち
　　　　看板見ながら　よちよちよち

　　　　めがね屋さんの　看板
　　　　自転車屋さんの　看板
　　　　古い看板
　　　　新しい看板

　　　　母さんの教えてくれた
　　　　ぼうし屋さんの　めじるしは
　　　　黒い大きな　シルクハットの看板

　　　　子ぎつね一人で　よちよちよちよち
　　　　さがします

ナレーター15　とうとう、お母さんぎつねの言っていた、黒い　大きな　シルクハットのぼうしの看板のお店
　　　　　　　を　見つけました。
ナレーター16　子ぎつねは、トントンと戸をたたいて、「こんばんは。」と言いました。
ナレーター17　そうすると、戸がちょっとだけ　ゴロリと開きました。

《M.4》歌「ぼうし屋さん」

　　　　　　「こんばんは。こんばんは。
　　　　　　このおててにちょうどいい
　　　　　　手ぶくろください。」

　　　　　　でも　子ぎつねは　まちがえて
　　　　　　きつねのおてて　出しました

　　　　　　ぼうし屋さん　おやおやと思いましたが
　　　　　　お金を受け取り
　　　　　　手ぶくろ　売ってくれました

ナレーター18	子ぎつねは　お礼を言って、もと来た道を　帰りはじめました。
子ぎつね	お母さんは、人間は、おそろしいものだと　言っていたけれど、ちっともおそろしくないや。だって、ぼくの手を見ても、どうもしなかったもの。
ナレーター19	子ぎつねは、人間がどんなものか見たいと思いました。
ナレーター20	ある窓の下を　通りかかると、人間の　お母さんの歌が聞こえてきました。
ナレーター21	そして、子どもの声がしました。
子ども	お母さん、こんな寒い夜は、森の子ぎつねは、寒い、寒いって　ないているでしょうね。
母親	森の子ぎつねも、お母さんぎつねのお歌を聞いて、ねむろうとしているでしょうね。さあ、ぼうやも早くねんねしなさい。どっちが早くねんねするかしらね。きっと、ぼうやのほうが、早くねんねしますよ。
ナレーター22	それを聞いて、急にお母さんが恋しくなった子ぎつねは、お母さんぎつねの待っているほうへとんで行きました。
ナレーター23	お母さんぎつねは、心配しながら　ぼうやの帰りを、今か　今かと　ふるえながら待っていました。
ナレーター24	そして、走ってもどってきたぼうやを　あたたかいむねにだきしめて、なきたいほどよろこびました。

《M.5》歌「帰り道」

　　　　　　まちがえたおててを　出したけど
　　　　　　ちゃんと手ぶくろ　くれたんだ
　　　　　　家の中から　聞こえてくる
　　　　　　人間の親子の　話し声

　　　　　　ルルルル　ねむれ
　　　　　　なんてやさしい　子守歌
　　　　　　ルルルル　ねむれ
　　　　　　母さんのような　子守歌
　　　　　　人間って　ちっとも　こわくない

　　　　　　子ぎつねの言葉に　母さんは
　　　　　　あきれて一人　つぶやきます
　　　　　　「ほんとうに人間は、いいものかしら。

ほんとうに人間は、いいものかしら。」

ルルルル　ねむれ
ルルルル　ねむれ
ラララ

音楽劇『手ぶくろを買いに』《M.1》

雪の野原
(斉唱・二部合唱)

原作　新美南吉
作詞・作曲　横山裕美子

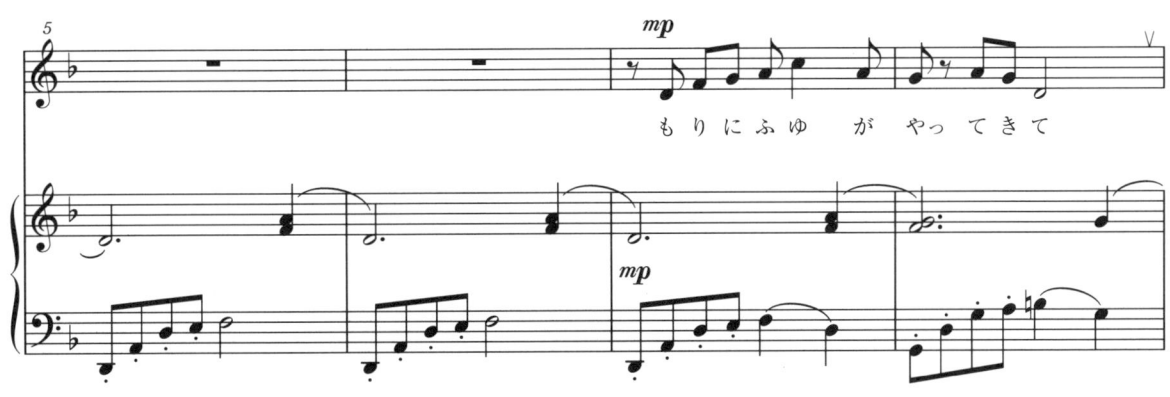

© 2009 by ONGAKU NO TOMO SHA CORP., Tokyo, Japan.

手ぶくろを買いに

（斉唱・二部合唱）

原作　新美南吉
作詞・作曲　横山裕美子

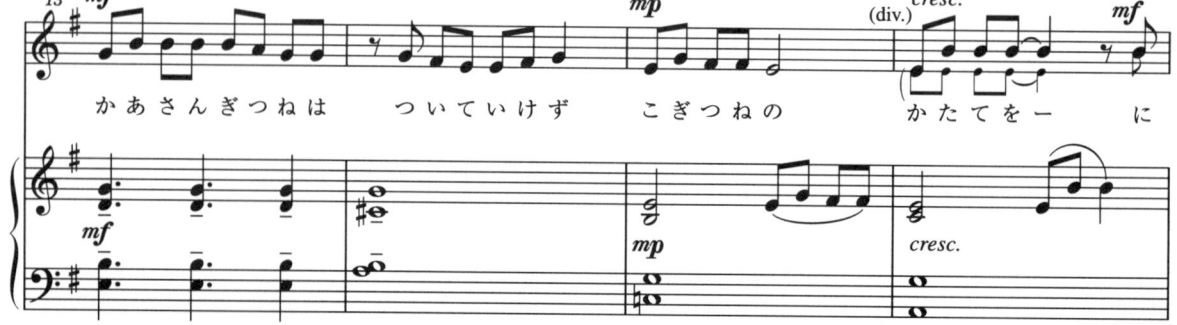

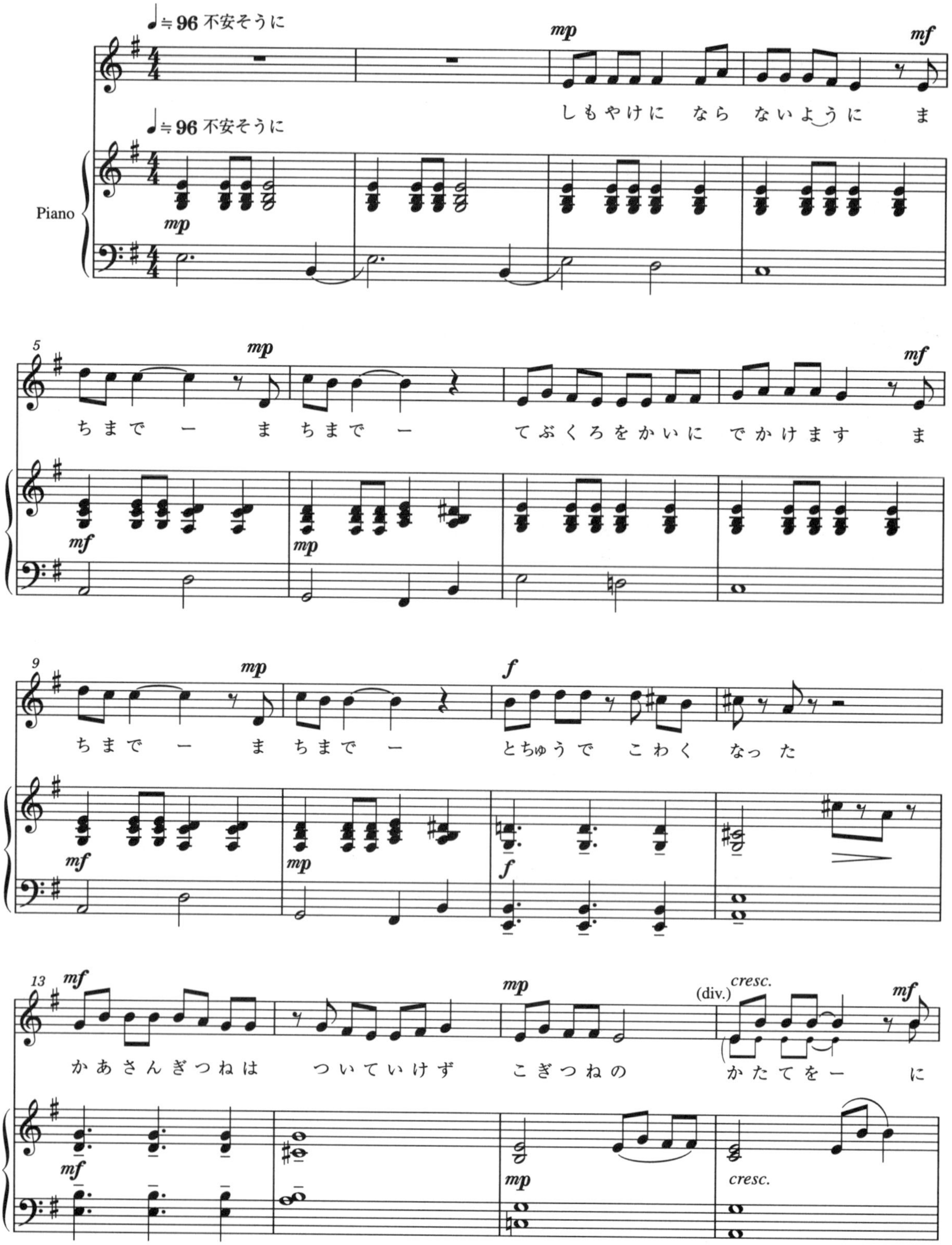

音楽劇『手ぶくろを買いに』《M.3》

町の灯
(斉唱・二部合唱)

原作　新美 南吉
作詞・作曲　横山裕美子

© 2009 by ONGAKU NO TOMO SHA CORP., Tokyo, Japan.

ぼうし屋さん
（斉唱・二部合唱）

原作　新美南吉
作詞・作曲　横山裕美子

音楽劇『手ぶくろを買いに』指導のために　／横山裕美子

●**作品について**

　心ならずも子ぎつねだけを町に行かせることになった母ぎつねの、しかし揺るぎない愛情の深さと、子ぎつねの母ぎつねへの信頼の深さが心に残る作品です。動物の親子も人間の親子も、親子の愛情の深さはかけ値なしのものであり、人間社会も動物の世界も変わりがないのだということを新美南吉は描いています。

　しかし、このお話はそれだけの単純なものではありません。まちがえた手を出しながら手ぶくろを無事に買ってきた子ぎつねに、母ぎつねはなぜ「本当に人間はいいものかしら。」とつぶやくのでしょうか。新美南吉の意図は何なのでしょうか。

　ぼうし屋さんは、お金を巻き上げたうえに子ぎつねをつかまえてしまう悪人ではなく、また、手ぶくろをタダであげてしまう、童話にありがちなお人好しでもなく、お金を持ってきた子ぎつねを人間と同じように扱って手ぶくろを売ります。一方、母ぎつねは、あひるを盗もうとした友だちと一緒に人間にひどい目にあわされた過去を持っています。新美南吉は、人間社会とは物を得るために対価を支払う社会であり、動物の世界は自らをかけてリスクをとる世界であることを言いたかったのではないでしょうか。母ぎつねのつぶやきは、リアリスト新美南吉の一面を映しだしているように思えてなりません。

　原作者の心の奥をさぐり、それらが一つひとつ胸に落ちてくるまで待ってから、私は曲を作ります。原作者との語らいは、時間がかかっても、何事にも代え難い至福の時間です。出来上がった作品は、シンプルさに徹しながら、イメージが豊かに溢れ出すものとなりました。

●**台本について**

　配役・ナレーションは共に、その文章、セリフが、文末に向かってだんだん強く言うのか、だんだん弱く言うのか、だんだんスピードを上げて言うのか、だんだんスピードを下げて言うのか、語調や語勢の強弱やテンポやリズム感、流れや表情などの表現を場面状況を思い浮かべながら工夫すると、心に響く味わいのある朗読になるでしょう。

●**曲について**

《M.1》 雪の野原

　雪の野原で遊んでいるうちに、子ぎつねの手がつめたくぼたん色になるところです。光は雪に反射して、するどく目にとびこみます。それを目になにかささったとする表現はとてもおもしろく、また、雪にまぶしい白さと、手のぼたん色のコントラストも鮮やかです。

　この曲は、子ぎつねの愛らしさと、またこの後、心ならずも子どもを町へひとりで行かせることになってしまう母ぎつねの愛情の深さを、音で表現したいと思って書きました。和声の美しさを味わって演奏してください。ピアノは、レガートとスタッカートを意識して弾き分けると、情景がより鮮明に表現できるでしょう。この曲と次の「Ⅱ. 手ぶくろを買いに」の母ぎつねと子ぎつねの場面をSolo、Soliでなく合唱で歌うときは、声の高低や声質で2パートに分けて、親と子の違いをハッキリさせながら歌い合うのもよいアイデアです。

《M.2》 手ぶくろを買いに

町まで手袋を買いに行こうと、二匹で歩き出した親子ですが、母ぎつねは人間にこわい思いをさせられ

音楽劇「手ぶくろを買いに」指導のために

た過去を思い出し足がすくんでしまい、子ぎつねをひとりだけで行かせることになる場面です。母ぎつねは子ぎつねの片手を人間の手にし、どうやって手袋を買うかということを何度も何度も教えます。

ピアノは母ぎつねの不安な気持ちを反映しています。20小節からの母ぎつねの言葉に付けられた和声は、「Ⅰ.雪の野原」の19小節からを彷彿とさせるものです。愛情を込めて歌いましょう。35小節からは、子ぎつねが何度もふりかえりながら前へ進んで行き、母ぎつねはいつまでもそこで見送っている様子を思い浮かべて演奏してみましょう。

《M.3》 町の灯

最初は不安を感じていた子ぎつねですが、好奇心いっぱいで、実は初めての一人歩きを楽しんでいる感じを込めました。前曲と同じホ短調ですが、曲調の違いを頭に入れておきましょう。よちよちよち……のリズムのところと、和声の美しいところのコントラストをはっきりつけましょう。母ぎつねを彷彿とさせる和声の響きを大事に演奏してください。poco piu mossoのピアノは、子ぎつねが歩みを速めてはねているように演奏するとよいでしょう。

《M.4》 ぼうし屋さん

5曲中唯一の長調の曲です。純真な子ぎつねの様子を思い浮かべて演奏しましょう。

手を間違えて出してしまう29小節目からの、短調に傾いていく和声の響きと、ぼうし屋さんが思案している43小節目からの、だんだんと長調にもどってくる和声の変遷に注意しましょう。今、子ぎつねとぼうし屋さんは、何を考えているのか共感できれば、より一層演奏が深まると思います。

《M.5》 帰り道

フィナーレとして、たくさんの要素が盛り込まれた曲です。8分の6拍子、4分の2拍子の子守歌、"人間ってちっともこわくない"の長調の部分、「Ⅰ.雪の野原」のコーダが循環してくる最後の部分と、それぞれの持ち味を生かして演奏しましょう。長調となる37小節目からは、子ぎつねの実感を歌い上げていますが、41～44小節のピアノの響きは、(本当にそうだろうか？)という不安を暗示しています。"本当に人間はいいものかしら"は、歌詞の意味を理解して大切に歌ってください。とくに58小節目から(rit.…の部分)の歌は重要です。61小節目からは、このきつねの親子の幸せを心から祈るように演奏するとよいでしょう。

音楽劇
『赤いろうそく』

原作：新美南吉
作詞・作曲・台本：横山裕美子

〈キャスト〉
ナレーター（一人でも、複数で交代してもよい）
サル／鹿／亀／イノシシ
うさぎ／いたち／たぬき／きつね

ナレーター　　山に住んでいるサルが、里のほうへ　遊びに行ったときに、一本の赤いろうそくを拾いました。サルにとって、赤いろうそくは、どこにでもあるものではありません。それでサルは、赤いろうそくを、花火だと思いこんでしまいました。
　　　　　　　サルは、拾った赤いろうそくを、大事に山へ持って帰りました。山では、たいへんなさわぎになってしまいました。なにしろ、花火などというものは、山の動物たちにとって、まだ　一度も見たことのないものです。

鹿　　　　　　ほう、すばらしい。花火というものらしい。イノシシさん、知っているかな？
イノシシ　　　いや、うさぎさんは？
うさぎ　　　　これは、すてきなものだ。なあ、亀さん。
亀　　　　　　うむ。うむ。う～～～む。
いたち　　　　おや、亀さん、また　首ひっこめちゃった。
たぬき　　　　いや、なんにしろ　めでたい。
きつね　　　　では、みなで　そばによって、見てみようではないか。

ナレーター　　鹿や、イノシシや、うさぎや、亀や、いたちや、たぬきや、きつねが、押しあいへしあいして、赤いろうそくをのぞきこみました。

《M.1》歌「花火ってなんだろう？」

　　　　　　　花火だ　花火だ　すばらしい
　　　　　　　花火だ　花火だ　すばらしい

　　　　　　　サルさんが　拾った
　　　　　　　きれいな　きれいな　赤い棒（ぼう）

　　　　　　　でも　花火って　なんだろう？
　　　　　　　なんだろう？

　　　　　　　　　花火だ　花火だ　すばらしい
　　　　　　　　　花火だ　花火だ　すばらしい

　　　　　　　　　サルさんを　囲んで
　　　　　　　　　だれもが　だれもが　大騒ぎ
　　　　　　　　　でも　花火って　なんだろう？
　　　　　　　　　なんだろう？

ナレーター　　　すると、

サル　　　　　　あぶない、あぶない。そんなに近よってはいけない。爆発するから。
動物たち　　　　ええっ!!

ナレーター　　　と言って、みんなは、おどろいて　しりごみしました。

《M.2》歌「花火というものは」

　　　　　　　　　今までで　一番大きな音を
　　　　　　　　　思いだしてください

　　　　　　　　　花火の音は　もっと大きいのです
　　　　　　　　　花火というものは　そういうものです

　　　　　　　　　今までで　一番きれいな花を
　　　　　　　　　思いだしてください

　　　　　　　　　花火の色は　もっと美しいのです
　　　　　　　　　花火というものは　そういうものです

　　　　　　　　　ヒューンと　飛びだす花火
　　　　　　　　　ドーンと　広がる花火

　　　　　　　　　大きな花を　咲かせるのです

　　　　　　　　　パッと　輝く花火
　　　　　　　　　フッと　消えゆく花火

夢のような　不思議な世界

今までで　一番美しいもの
それは　花火
それは　花火
それが　花火

ナレーター　　　動物たちは、サルの説明を聞いて、そんなに美しいものなら、見たいものだと思いました。

サル　　　　　　それなら、今晩、山のてっぺんに行って、あそこで打ち上げてみよう。
鹿　　　　　　　それは、すばらしい。そうだろう、イノシシさん？
イノシシ　　　　そのとおりだ。なあ、うさぎさん？
うさぎ　　　　　じつに、すてきなことだ。ね、亀さん。
亀　　　　　　　うむ。うむ。う〜〜〜む。
いたち　　　　　あれ、亀さん、また首ひっこめちゃった。
たぬき　　　　　いや、なんにしろ　めでたい。
きつね　　　　　では、みなで、今晩、山のてっぺんに集合しようではないか。

ナレーター　　　みんなは、たいへん喜びました。夜の空に星をふりまくように、ぱあっと広がる花火を目に浮べて、みんなはうっとりしました。

《M.3》歌「夢花火」

花火がそんなに　すてきなら
しっかりこの目で　見てみたい

花火がそんなに　きれいなら
じっくりこの目で　見てみたい

星のような　花のような
夢花火
さぁ　打ち上げよう

ヒューンと　飛び出す
ドーンと　広がる
パッと　輝くよ

待ちきれない　待ちきれない
早く夜になれ

花火がそんなに　すてきなら
しっかりこの目で　見てみたい

花火がそんなに　きれいなら
じっくりこの目で　見てみたい

虹のような　魔法のような
夢花火
さぁ　打ち上げよう

今夜　集合
みんな　集合
山のてっぺんに

待ちきれない　待ちきれない
早く夜になれ

ナレーター	さて、夜になりました。みんなは、胸をおどらせて、山のてっぺんにやって行きました。サルは、もう赤いろうそくを木の枝にくくりつけて、みんなの来るのを待っていました。 いよいよ　これから花火を打上げることになりました。しかし　困ったことができました。だって、だれも　花火に火をつけようと　しなかったからなのです。 みんな花火を見ることは好きでしたが、火をつけにいくことは　好きではなかったのです。
サル	みなさん、花火はもう木の枝にくくりつけてあります。火をつければ打ち上げられます。
鹿	それは、すばらしい。火をつけたらどうだろう、イノシシさん？
イノシシ	いや、誰かつけたらどうかな、うさぎさん？
うさぎ	誰かがつけてくれれば、すてきなことだ。ね、亀さん。
亀	うむ。うむ。う〜〜む。
いたち	あれ、亀さん、また首ひっこめちゃった。
たぬき	いや、なんにしろ　めでたい。
きつね	しかたない、それでは　みなでくじを引いて、誰が火をつけるか決めようではないか。

《M.4》歌「火をつけよう」

　　　　　　　　さぁ　さぁ　火をつけよう
　　　　　　　　さぁ　さぁ　火をつけよう
　　　　　　　　みんなの花火に　火をつけよう　火をつけよう

　　　　　　　　だから
　　　　　　　　さぁ　さぁ　火をつけよう
　　　　　　　　だから
　　　　　　　　さぁ　さぁ　火をつけよう
　　　　　　　　だれか
　　　　　　　　みんなの花火に　火をつけよう　火をつけよう

　　　　　　　　待ちに待った　花火だよ
　　　　　　　　見たこともない　花火だよ
　　　　　　　　きっとすてきな　はずなんだ

　　　　　　　　だから
　　　　　　　　さぁ　さぁ　火をつけよう
　　　　　　　　だから
　　　　　　　　さぁ　さぁ　火をつけよう

　　　　　　　　だれかはやく　だれかつけてよ
　　　　　　　　お願いだから　お願いだから

ナレーター　　そこでくじを引いて、火をつけに行くものを決めることになりました。第一に当たったものは、亀でありました。

動物たち　　　亀さん、がんばれ！！　亀さん、がんばれ！！

ナレーター　　亀は元気を出して　花火の方へやって行きました。でも、亀は花火のそばまでくると、首が自然にひっこんでしまって　出てこなかったのでありました。

ナレーター　　そこで　また残りの動物たちは、もう一度くじを引きました。こんどは　いたちが当たりくじを引きました。

動物たち　　　いたちさん、がんばれ！！　いたちさん、がんばれ！！

ナレーター	いたちは、亀みたいに　首をひっこめたりは　しませんでしたが、ひどい近眼だったので、ろうそくのまわりを　きょろきょろしながら、うろついているばかりでした。
イノシシ	みな何をしておるのだ？　私に任(まか)せなさい。
ナレーター	とうとう、イノシシが飛び出しました。イノシシは、まったく勇ましい　けだもので、ほんとうにやって行って、火をつけてしまいました。
動物たち	わあ！！　みんなにげろ！！
ナレーター	みんなは、びっくりして草むらに飛びこみ、耳を固くふさぎました。耳ばかりでなく目もふさいでしまいました。
ナレーター	しかし、ろうそくは、ぽんともいわずに、静かに燃えているばかりでした。

《M.5》歌「赤いろうそく」

　　　　　　　いのししさんが　火をつけた
　　　　　　　いのししさんが　火をつけた
　　　　　　　ちゃんと　ほんとに　火をつけた
　　　　　　　火をつけた
　　　　　　　火をつけた！

　　　　　　　でも
　　　　　　　なにも　聞こえない
　　　　　　　なにも　現(あらわ)れない
　　　　　　　なにも　飛び出さない
　　　　　　　なにも　見えない

　　　　　　　ただ　炎(ほのお)が　燃(も)えて
　　　　　　　ただ　ちいさく　燃(も)えて
　　　　　　　音もたてずに　燃(も)えているだけ

　　　　　　　なにも　広がらない
　　　　　　　なにも　きらめかない
　　　　　　　なにも　輝(かがや)かない
　　　　　　　なにも　おきない

ただ　炎がゆれて
ただ　静かにゆれて
音もたてずに　ゆれているだけ

ただ　炎が　燃えて
ただ　ちいさく　燃えて
音もたてずに　燃えているだけ

ゆれているだけ
ゆれているだけ

音楽劇『赤いろうそく』《M.1》

花火ってなんだろう？
（斉唱・二部合唱）

原作　新美南吉
作詞・作曲　横山裕美子

きれいな きれいな あかい ほう でも は な び って なんだろうー？
だれもが だれもが おおさわぎ

なんだろうー？ ー？ なんだろう

ー？ な ん だ ろ う ー？

音楽劇『赤いろうそく』《M.2》

花火というものは
(斉唱・二部合唱・サル Solo, Soli も可)

原作　新美南吉
作詞・作曲　横山裕美子

© 2009 by ONGAKU NO TOMO SHA CORP., Tokyo, Japan.

いう ものです す

ヒューンと とびだす は な びー　ドーンと ひろがる は な びー

おおきな はな を さかせる の で す

パッと かがやく は な びー　フッと きえゆく は な びー

ゆめのような ふしぎなせかい ハァー
（ため息）

いままでで いちばん うつくしいもの

（斉唱でも可）
それは、はなび それは、は なび それが はな

び

音楽劇『赤いろうそく』《M.3》

夢花火
(斉唱・二部合唱)

原作　新美南吉
作詞・作曲　横山裕美子

ひろがる夢

はなびが そんなに すてきなら しっか りこのめで みてみたい

はなびが そんなに きれいなら じっく りこのめで みてみたい ほに

しのような　はなのような　ゆ
じのような　まほうのような

© 2009 by ONGAKU NO TOMO SHA CORP., Tokyo, Japan.

17
cresc.
mp
め　は　な　び　　さぁ　う　ち　あ　げ　よう　ー
mp
cresc.
21
1.
mf
ヒューンととびだす　ドーンとひろがる　パッとかがやくよ　まち　きれ　ない　まち
26
f
きれ　ない　はやく　よるになれー
31
2.
こんやしゅうごう　みんなしゅうごう　やまのてっぺんに　まち　きれ　ない　まち

きれない　はやく　よるに　なれー　ラー

音楽劇『赤いろうそく』《M.4》

火をつけよう
(斉唱・二部合唱)

原作　新美南吉
作詞・作曲　横山裕美子

© 2009 by ONGAKU NO TOMO SHA CORP., Tokyo, Japan.

ひ を つ け よう― まちにまっ た はなびだよ きっと ―すてきな みたこともな い はなびだよ （きっ と ―すてきな） はず なん だ だから さぁ さぁ ひを つけよう だから, さぁ さぁ ひを つけよう だれか はやく だれかつけてよ

お ねがいだから　おねがいだ か ら

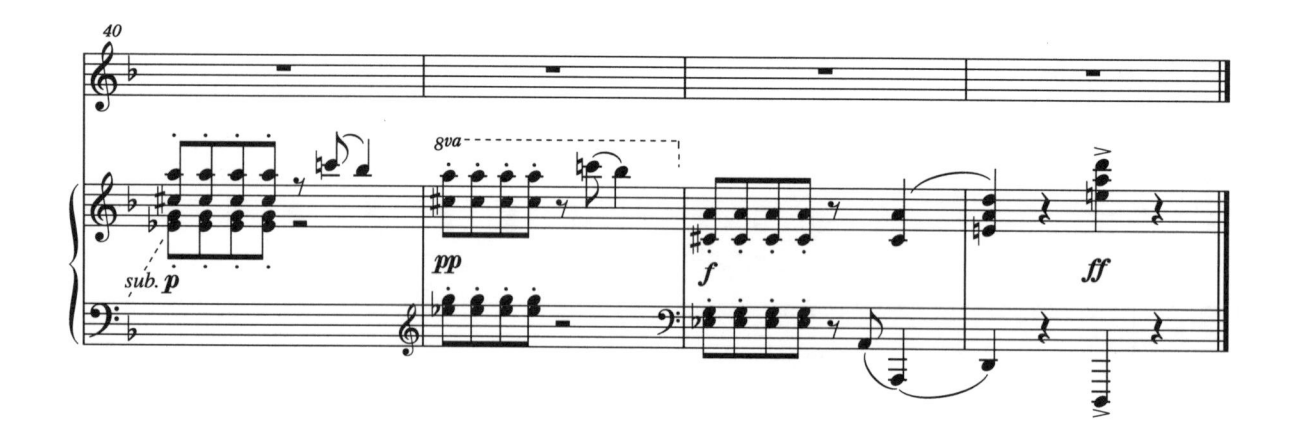

音楽劇『赤いろうそく』《M.5》

赤いろうそく
(斉唱・二部合唱)

原作　新美南吉
作詞・作曲　横山裕美子

いのししさん が ひをつけた　いのししさん が ひをつけた
ちゃん とほんとに ひをつけた　ひをつけた ひをつけ
た！ー　でも

© 2009 by ONGAKU NO TOMO SHA CORP., Tokyo, Japan.

1. なにもきこえない　なにもあらわれ　ない
2. なにもひろがら　ない　なにもきらめか　ない

なにもとびださ　ない　なにもみえな　い　
なにもかがやか　ない　なにもおきな　い

ただ　ほのおが　もえて　ただ　ちいさく　もえて
ただ　ほのおが　ゆれて　ただ　しずかに　ゆれて

おと　も　たてずに　もえているだ　け
おと　も　たてずに　ゆれているだ　け

け ただ ほのおが もえて ただ
ちいさく もえて おとも たてずに もえているだ
け— ゆれているだけ— ゆれているだ
け—

音楽劇『赤いろうそく』指導のために　／横山裕美子

● 作品について

　このお話は、赤いろうそくを花火と思いこんだ山の動物たちのてんやわんやの顛末です。皆さんは赤い色のろうそくをどこで見かけますか？　お誕生日のケーキ、クリスマスやレストランの飾りつけなど特別な時・場所で目にすることが多いのではないでしょうか。仏壇やお墓参りには白いろうそくを使いますね。これが赤色だったらかなり違和感があります。つまり、"赤いろうそく"そのものが、非日常的なものであるため、もともと物知りなサルでさえ、花火だと思いこんでしまうわけです。花火とは、まさに"未知との遭遇"なみの大事件であることをまず認識してください。

　歌は、振りつけや踊りが自然につけられるように、ノリがよく歌いやすい曲に仕上げています。ピアノの前奏・後奏もしかり。振りつけや踊りがなくても、もちろんかまいませんが、体がウキウキして自然に動いてしまうようなイメージで演奏するとよいと思います。

　さて最後の場面ですが、新美南吉は、動物たちがその時どういう感情を表現し、行動したかをあえて書いていません。私の頭の中に、まるでレオナルド・ダヴィンチの描いた「最後の晩餐」のように、中央にある赤いろうそくのまわりにさまざまな感情表現をした動物たちが、ピアノの最終音と同時に静止してポーズを取っているイメージが離れませんでした。いろいろな表現があり得ると思いますので、工夫のしがいがあるはずです。ぜひ挑戦してみてください。

● 台本について

　原作では動物たちが擬人化されているので、動物によってキャラクター設定をしています。セリフは、テンポやリズム感を重視した、ボケとツッコミのようなノリの会話です。とくに、うさぎ→亀→いたちの3役の流れを工夫して演じてみてください。同じセリフの繰り返しが多いのですが、時間の経過とその時の状況の変化を反映させてください。たとえば、亀の「うむ。」ひとつで、同意、納得、期待感、困惑、消極的態度などを上手に表現できると劇全体が盛り上がるでしょう。

● 曲について

《M.1》　花火ってなんだろう？

　いままで見たことがないものを目にして、驚き、不思議がり、興奮している様子を思い浮かべて歌いましょう。花火がどういうものかまだ説明されていないけれど、とにかく"すばらしい"と言ってしまうところがおもしろいですね。前奏のピアノは、ワクワク感を大げさに表現して合唱の人たちをノセてしまいましょう。17小節目からのcresc.は、和声進行の不思議な美しさを感じながら演奏するとより効果的です。

《M.2》　花火というものは

　だれ一人知る者のいない花火について説明するサルの気持ちは、さぞかし得意気で誇らしいものでしょう。物知りなサルとはいえ、こんな晴れがましい説明の場はそうあるものではないでしょう。みんなの尊敬の眼差しを浴びて、ますます胸を張る様子が、目に浮かぶようです。"ヒューンと飛びだす""ドーンと広がる""パッと輝く""フッと消えゆく"

の言葉とメロディーの変化を意識して演奏しましょう。ピアノは、花火のその変化を鮮やかに表現する聴かせどころですので、ここはがんばって練習してください。41〜42小節目は斉唱も可能ですが、二部に分かれて"それは花火"とかけあうと、43小節目以降の"それが花火"との言葉と音楽の違いがより生きてくると思います。

　サル役がSoloで歌う場合は、1人でも、1人ずつリレーしていってもよいでしょう。合唱団の状況に応じて、斉唱でも二部合唱でもサル役のSolo、Soliでも自由に選択し、組み合わせていただいて結構です。

《M.3》　夢花火

　サルの話をきいた動物たちは、花火をこの目で見ようと、今夜山のてっぺんに集まって打ち上げることを決めます。音楽は、大きな期待を寄せワクワクしている部分と、花火の美しさを想像してうっとりしている部分からできています。動物たちの気持ちになりきって演奏してみましょう。12小節目からの"星のような""花のような""虹のような""魔法のような"は、言葉と和声の違いを感じてください。"夢花火"は大事に歌いましょう。ピアノ後奏は、少々大げさに弾くといいでしょう。動物たちの気持ちが盛り上がって、もうあともどりできないほどに大事（おおごと）になってきた感じを出してください。

《M.4》　火をつけよう

　いよいよ花火に火をつけることになりました。しかし見るのは好きだけれど、火をつけるのはきらいな彼らは、なんとかだれかにつけてもらおうと盛んに押しつけあいます。"火をつけよう"→"だれかつけてよ"→"お願いだから"と、だんだんあせって切迫してくる様子をユーモラスに演奏しましょう。"待ちに待った〜はずなんだ"の部分は、花火のすばらしさを大げさにアピールするつもりで。ピアノの前奏と後奏の時に、合唱の人たちは火をつけさせようとする側と、いやがる側とでそれぞれジェスチャーを入れると、より楽しくなるでしょう。

《M.5》　赤いろうそく

　火をつけたその結末はいかに？　ついに終曲となりました。前半は、4分の4拍子から4分の3拍子へと変化し、"火をつけた"をくり返して切迫感をだしています。後半は、8分の12拍子になり、「Ⅱ.花火というものは」を強く意識した作品になっています。"なにも聞こえない""なにも現れない"といった"なにも〜"のフレーズの繰り返しは、それぞれ言葉と和声の違いを工夫して表現してみましょう。花火を暗示するピアノの音型（第18小節〜）が、今回は下降形になって落下してくる様子を楽しんでください。

　ところで、動物たちはこの結末に、どうしたでしょうか？　どうなったでしょうか？　いまだに何がなんだかわからない者、だんだん状況がのみこめてきた者など、いろいろいたのではないでしょうか。彼らの気持ちや行動を想像して、皆さんで話し合いながら、ラストの音楽をつくりあげてみてください。劇では、ピアノ後奏の最後の音に合わせて、それぞれの感情を表現したポーズをきめると、視覚的に大変盛り上がったラストになるのではないでしょうか。

横山裕美子　よこやま・ゆみこ

作曲家。東京芸術大学音楽学部作曲科卒業。松本民之助、川井学氏に師事。渡米して、ジュリアード音楽院のスタンレー・ウォルフ氏に師事。合唱、音楽劇を中心に作曲活動をしている。テキストに対する丹念な読み込みから、心に残るメロディー、美しい和声、それらが一つ一つ選びぬかれてシンプルに描かれる作品は多くの人々の共感を呼んでいる。子どものための作品でありながら精神性の高い、格調高い音楽性で子どもの心を掴み、音楽会、合唱コンクールにおいて重要なレパートリーのひとつとして欠かせない作品も多い。

〈主な作品〉
モノドラマ合唱劇「ごんぎつね」合唱曲集「みすゞとの旅～二部合唱とピアノのための」(金子みすゞ詩)「風のマーチ」「ひとりぼっち」「歩くうた」「ふるさとの星」(谷川俊太郎詩)他。【以上音楽之友社】「青い竜」「シーラカンスをとりにいこう」「南向きの窓」「マホウツカイの日々」「100月の100日に」「キモチ」(以上、県多乃梨子詩)他。【以上教育芸術社】

小学生のための音楽劇・物語集　手ぶくろを買いに／赤いろうそく

2009年 3月31日　第1刷発行	作詞 作曲　横山　裕美子
2019年 8月31日　第7刷発行	
	発行者　堀内　久美雄
	東京都新宿区神楽坂6-30
	発行所　株式会社 音楽之友社
	電話 03(3235)2111(代)　〒162-8716
	振替 00170-4-196250
	http://www.ongakunotomo.co.jp/

828420

© 2009 by ONGAKU NO TOMO SHA CORP., Tokyo, Japan.
落丁本・乱丁本はお取替いたします。
Printed in Japan.

楽譜制作：ホッタガクフ
印刷：平河工業社
装画＝セキユリヲ (ea)
装丁＝辻 祥江 (ea)